Guillaume Marinette

Mix Your Cake!
Mixen, Backen, Kuchenglück

Aus dem Französischen von Karen Gerwig

Jan Thorbecke Verlag

Inhalt

Tipps und Tricks 4

Süße Mixer-Tartes

Klassiker
Schoko-Praliné & Haselnüsse 6
Pekannuss & Rohrzucker 8
Amaretti & Karamell 10
Nussbutter & Mandeln 12

Fruchtig
Kokosnuss & Orangenzesten.............14
Karamellisierte Banane &
  Schokolade...................................16
Aprikose & Rosmarin............................18
Kirsche & Pistazie................................ 20
Mango & Passionsfrucht 22
Ricotta & Mandarine 24
Apfel & Spekulatius..............................26
Himbeere & weiße Schokolade........28
Heidelbeere & Zitrone...................... 30
Birne & Quatre Épices 32
Feige & Walnuss 34
Rhabarber & Baiser 36
Erdbeere & Pistazie..............................38

Salzige Mixer-Tartes

Vegetarisch
Zucchini auf indische Art 40
Tomate & Feta...42
Kirschtomaten & Pesto....................... 44
Paprika & Ricotta.................................. 46
Butternut & Walnuss............................ 48
Karotte & Kreuzkümmel...................... 50
Blumenkohl & Roquefort 52
Zwiebel & Ziegenkäse.........................54

Für Feinschmecker
Hähnchen & Curry..................................56
Lauch & roher Schinken 58
Raclettekäse & Kartoffeln 60
Zucchini & Speck....................................62
Oliven, Schinken & Comté.................. 64
Hähnchen & Champignons.................66
Tarte nach Tartiflette-Art mit
  flüssigem Kern 68
Spinat & Lachs..70

Tipps und Tricks

Das Prinzip

Alle oder fast alle Zutaten kommen zusammen in den Mixer, dann in eine Tarte-Form. Ab damit in den Ofen und fertig!
Aus der Form holt man nach dem Backen dann eine echte Tarte: unten Teig und oben eine cremige Textur. So einfach, dass es unmöglich misslingen kann.

Die Milch

Wenn man die Milch erwärmt, bevor man sie in den Mixer gibt, wird die Textur cremiger. Funktioniert sowohl mit Vollmilch als auch mit Halbfettmilch.

Das Mehl

Für eine deutlichere Trennung zwischen der cremigen Textur und dem Teig empfiehlt sich Vollkornmehl (Type 1600 oder 1050).

Die Form

Am besten ist eine Silikonform, daraus lässt sich die Tarte am leichtesten lösen. Andere Formen gut einfetten oder mit Backpapier auskleiden; dann verlängert sich die Backzeit aber um etwa 10 Minuten. Die Rezepte in diesem Buch wurden in einer Tarte-Form mit 26 Zentimetern Durchmesser oder in einer Springform mit 22 Zentimetern Durchmesser gebacken.

Backen

Die Mischung lässt man vor dem Backen 10 Minuten in der Form ruhen, damit sich die zwei Schichten trennen können. Ob die Tarte fertig gebacken ist, zeigt der Test mit der Messerspitze: Sie sollte nach dem Einstechen sauber oder nur leicht feucht herauskommen, aber ohne Stücke.

Aus der Form lösen

Nach dem Backen mindestens 10–15 Minuten warten, bevor die Tarte aus der Form gelöst wird.

Und die Reste?

Damit ist nicht zu rechnen, aber falls doch ein paar Stücke übrig bleiben, können sie 4 Minuten bei 700 Watt in der Mikrowelle oder 15 Minuten im Ofen bei 180 °C aufgewärmt werden. Einige Rezepte sind auch kalt wirklich köstlich.

Schoko-Praliné
& Haselnüsse

Für 6 Personen
Vorbereitung: 15 Minuten • Backzeit: 25 Minuten

Masse
500 ml warme Milch
100 g Zartbitterkuvertüre
130 g Zucker
50 g Praliné-Masse
125 g flüssige Butter
90 g Vollkornmehl
130 g gemahlene Haselnüsse
4 Eier

Garnitur und Deko
80 g halbierte Haselnüsse
+ 80 g ganze Haselnüsse
200 g Zucker

Die Milch mit der geschmolzenen Schokolade zu einer homogenen Masse rühren. Die restlichen Zutaten für die Masse in der angegebenen Reihenfolge in den Mixer geben, zum Schluss die Milch-Schoko-Mischung zufügen. Mixen, bis die Masse homogen ist.

Den Ofen auf 180 °C vorheizen. Die Mischung in eine Tarte-Form gießen und 10 Minuten ruhen lassen. Die halben Nüsse auf die Tarte streuen. 25 Minuten backen.

Für die Deko ein Karamell herstellen. Dazu 200 g Zucker und 2 cl Wasser auf niedriger Stufe ohne Rühren erhitzen. Wenn alles geschmolzen ist und sich goldbraun gefärbt hat, die ganzen Nüsse zugeben und alles zusammen auf ein Backpapier gießen. Wenn das Karamell abgekühlt ist, in kleine Stücke brechen und die Tarte damit dekorieren.

Pekannuss
& Rohrzucker

Für 6 Personen
Vorbereitung: 10 Minuten • Backzeit: 25 Minuten

Masse
60 g Butter
500 ml Milch
150 g Rohrzucker
1 EL Ahornsirup
90 g Vollkornmehl
150 g gemahlene Haselnüsse
4 Eier

Garnitur und Deko
100 g Pekannüsse
1 EL Ahornsirup

Die Butter in der Milch 5 Minuten in der Mikrowelle schmelzen lassen. Die restlichen Zutaten für die Masse in der angegebenen Reihenfolge in den Mixer geben, zum Schluss die Butter-Milch-Mischung zufügen. Mixen, bis die Masse homogen ist.

Den Ofen auf 180 °C vorheizen. Die Mischung in eine Tarte-Form gießen und 10 Minuten ruhen lassen. Die Pekannüsse auf der Tarte verteilen. 25 Minuten backen.

Kurz vor dem Servieren mit 1 EL Ahornsirup beträufeln.

Amaretti
& Karamell

Für 6 Personen
Vorbereitung: 10 Minuten • Backzeit: 25 Minuten

Masse
60 g Butter
500 ml Milch
150 g Zucker
1 EL flüssiges Salzkaramell
90 g Vollkornmehl
150 g gemahlene Mandeln
4 Eier

Garnitur und Deko
125 g Amaretti-Kekse
2 EL flüssiges Salzkaramell
Vanilleeis zum Servieren

Die Butter in der Milch 5 Minuten in der Mikrowelle schmelzen lassen. Die restlichen Zutaten für die Masse in der angegebenen Reihenfolge in den Mixer geben, zum Schluss die Butter-Milch-Mischung zufügen. Mixen, bis die Masse homogen ist.

Den Ofen auf 180 °C vorheizen. Die Mischung in eine Tarte-Form gießen und 10 Minuten ruhen lassen. Die zerkrümelten Amaretti auf der Tarte verteilen. 25 Minuten backen.

Kurz vor dem Servieren mit dem Salzkaramell beträufeln. Kalt oder lauwarm mit einer Kugel Vanilleeis servieren.

Nussbutter
& Mandeln

Für 6 Personen
Vorbereitung: 15 Minuten • Backzeit: 25 Minuten

Masse
60 g Butter
150 g Zucker
30 g Honig
90 g Vollkornmehl
130 g gemahlene Mandeln
4 Eier
500 ml warme Mandelmilch

Garnitur und Deko
80 g Mandelblättchen + eine Handvoll geröstete Mandelblättchen
100 g Schlagsahne
2 EL Salzkaramell oder Honig

Die Nussbutter herstellen. Dafür die Butter in einem kleinen Topf schmelzen lassen und kochen, bis sie goldbraun wird und nach Nuss riecht. Vom Herd nehmen und filtern.

Die Nussbutter in den Mixer geben, dann die restlichen Zutaten für die Masse in der angegebenen Reihenfolge hinzufügen. Mixen, bis die Masse homogen ist.

Den Ofen auf 180 °C vorheizen. Die Mischung in eine Tarte-Form gießen und 10 Minuten ruhen lassen. Die ungerösteten Mandelblättchen auf der Tarte verteilen. 25 Minuten backen.

Vor dem Servieren mit der Sahne bestreichen, mit den gerösteten Mandelblättchen bestreuen und mit dem Salzkaramell oder Honig beträufeln.

Das Rezept für die Schlagsahne steht beim Rezept für die Tarte mit Erdbeeren & Pistazien, S. 38.

Kokosnuss
& Orangenzesten

Für 6 Personen
Vorbereitung: 10 Minuten • Backzeit: 25 Minuten

Masse
60 g Butter
500 ml Milch
130 g Zucker
Zesten von ½ Orange
90 g Vollkornmehl
150 g gemahlene Mandeln
4 Eier

Garnitur und Deko
150 g Kokosraspel
Zesten von ½ Orange

Die Butter in der Milch 5 Minuten in der Mikrowelle schmelzen lassen. Die restlichen Zutaten für die Masse in der angegebenen Reihenfolge in den Mixer geben, zum Schluss die Butter-Milch-Mischung zufügen. Mixen, bis die Masse homogen ist. Die Kokosraspel – bis auf eine Handvoll für die Deko – mit unterrühren.

Den Ofen auf 180 °C vorheizen. Die Mischung in eine Tarte-Form gießen und 10 Minuten ruhen lassen. 25 Minuten backen.

Kurz vor dem Servieren mit den restlichen Kokosraspeln und den restlichen Orangenzesten bestreuen.

Karamellisierte Banane
& Schokolade

Für 6 Personen
Vorbereitung: 20 Minuten • Backzeit: 25 Minuten • Ruhezeit: 1 Stunde

Masse
60 g Butter
500 ml Milch
130 g Zucker
2 EL Whisky
150 g gemahlene Kokosnuss
90 g Vollkornmehl
4 Eier

Garnitur und Deko
2 in Scheiben geschnittene Bananen
200 g Zartbitterschokolade
250 ml Schlagsahne
1 Prise Fleur de Sel

Die Butter in der Milch 5 Minuten in der Mikrowelle schmelzen lassen. Die restlichen Zutaten für die Masse in der angegebenen Reihenfolge in den Mixer geben, zum Schluss die Butter-Milch-Mischung zufügen. Mixen, bis die Masse homogen ist.

Den Ofen auf 180 °C vorheizen. Die Mischung in eine Tarte-Form gießen und 10 Minuten ruhen lassen. Die Tarte mit den Bananenscheiben belegen. 25 Minuten backen. Abkühlen lassen.

Die Schokolade im Wasserbad schmelzen. Die Sahne erhitzen und in drei Portionen nacheinander unter die geschmolzene Schokolade rühren. Die Mischung sollte jedes Mal homogen sein. Diese Ganache gleichmäßig auf der Tarte verteilen. Mit einer Prise Fleur de Sel bestreuen und eine Stunde kühl stellen.

Aprikose
& Rosmarin

Für 6 Personen
Vorbereitung: 10 Minuten • Backzeit: 30 Minuten

Masse
60 g Butter
500 ml Milch
150 g Zucker
1 TL Rosmarin
1 TL Vanilleextrakt
90 g Vollkornmehl
150 g gemahlene Haselnüsse
4 Eier

Garnitur und Deko
400 g Aprikosenhälften (frisch oder TK)
1 Zweig Rosmarin

Die Butter in der Milch 5 Minuten in der Mikrowelle schmelzen lassen. Die restlichen Zutaten für die Masse in der angegebenen Reihenfolge in den Mixer geben, zum Schluss die Butter-Milch-Mischung zufügen. Mixen, bis die Masse homogen ist.

Den Ofen auf 180 °C vorheizen. Die Mischung in eine Tarte-Form gießen und 10 Minuten ruhen lassen. Die Aprikosenhälften auf der Tarte verteilen. 30 Minuten backen.

Nach dem Backen mit dem Rosmarinzweig dekorieren.

Kirsche
& Pistazie

Für 6 Personen
Vorbereitung: 10 Minuten • Backzeit: 30 Minuten

Masse
60 g Butter
500 ml Milch
150 g Zucker
90 g Vollkornmehl
150 g gemahlene Pistazien
4 Eier

Garnitur und Deko
600 g entsteinte Kirschen
20 g enthäutete Pistazienkerne

Die Butter in der Milch 5 Minuten in der Mikrowelle schmelzen lassen. Die restlichen Zutaten für die Masse in der angegebenen Reihenfolge in den Mixer geben, zum Schluss die Butter-Milch-Mischung zufügen. Mixen, bis die Masse homogen ist.

Den Ofen auf 180 °C vorheizen. Die Mischung in eine Tarte-Form gießen und 10 Minuten ruhen lassen. 500 g von den Kirschen und 10 g von den Pistazien auf der Tarte verteilen. 30 Minuten backen.

Nach dem Backen mit den restlichen Kirschen und Pistazienkernen dekorieren.

Mango
& Passionsfrucht

Für 6 Personen
Vorbereitung: 10 Minuten • Backzeit: 30 Minuten

Masse
60 g Butter
500 ml Milch
150 g Zucker
90 g Vollkornmehl
150 g gemahlene Mandeln
4 Eier
2 Passionsfrüchte

Garnitur und Deko
225 g Mango in Scheiben (frisch oder TK)
1 frische Mango
1 Passionsfrucht

Die Butter in der Milch 5 Minuten in der Mikrowelle schmelzen lassen. Die restlichen Zutaten für die Masse bis auf die Passionsfrüchte in der angegebenen Reihenfolge in den Mixer geben, zum Schluss die Butter-Milch-Mischung zufügen. Mixen, bis die Masse homogen ist. Das Fruchtfleisch von 2 Passionsfrüchten unterrühren.

Den Ofen auf 180 °C vorheizen. Die Mischung in eine Tarte-Form gießen und 10 Minuten ruhen lassen. Die Tarte mit den Mangoscheiben belegen. 30 Minuten backen.

Kurz vor dem Servieren mit frischer Mango und Passionsfruchtfleisch dekorieren.

Ricotta
& Mandarine

Für 6 Personen
Vorbereitung: 15 Minuten • Backzeit: 30 Minuten

Masse
60 g Butter
500 ml Milch
150 g Zucker
90 g Vollkornmehl
150 g gemahlene Mandeln
1 EL Ricotta
4 Eier

Garnitur und Deko
5 geschälte Mandarinen
100 ml Konditorsahne (35 % Fett)
8 g Puderzucker
½ TL Vanilleextrakt

Die Butter in der Milch 5 Minuten in der Mikrowelle schmelzen lassen. Die restlichen Zutaten für die Masse in der angegebenen Reihenfolge in den Mixer geben, zum Schluss die Butter-Milch-Mischung zufügen. Mixen, bis die Masse homogen ist.

Den Ofen auf 180 °C vorheizen. Die Mischung in eine Tarte-Form gießen und 10 Minuten ruhen lassen. Die Mandarinenschnitze auf der Tarte verteilen. 30 Minuten backen.

Für die Schlagsahne sollten Sahne und Küchengeräte gut kalt sein. Die Sahne schlagen, bis sie schön fest ist, dann den Puderzucker und den Vanilleextrakt gut unterrühren.

Kurz vor dem Servieren die Schlagsahne in verschieden großen Tupfen auf die Tarte spritzen.

Um Zeit zu sparen, geht auch gekaufte Sprühsahne.

Apfel
& Spekulatius

Für 6 Personen
Vorbereitung: 15 Minuten • Backzeit: 25 Minuten

Masse
60 g Butter
500 ml Milch
150 g Zucker
90 g Vollkornmehl
150 g gemahlene Mandeln
4 Eier

Garnitur und Deko
2 geschälte, entkernte und geriebene Äpfel + 2 ganze Äpfel
125 g Spekulatius
30 g Butter
20 g Zucker

Die Butter in der Milch 5 Minuten in der Mikrowelle schmelzen lassen. Die restlichen Zutaten für die Masse in der angegebenen Reihenfolge in den Mixer geben, zum Schluss die Butter-Milch-Mischung zufügen. Mixen, bis die Masse homogen ist.

Den Ofen auf 180 °C vorheizen. Die Mischung in eine Tarte-Form gießen und 10 Minuten ruhen lassen. Die Tarte mit den geriebenen Äpfeln und dem Spekulatius belegen. 25 Minuten backen.

Die zwei restlichen Äpfel in sehr feine Scheiben schneiden, mit geschmolzener Butter beträufeln und mit Zucker bestreuen. Bei 180 °C auf einem Backpapier 25 Minuten backen. Die Apfelscheiben gleichmäßig auf der Tarte verteilen.

Himbeere
& weiße Schokolade

Für 6 Personen
Vorbereitung: 10 Minuten • Backzeit: 30 Minuten

Masse
150 g Zucker
60 g lauwarme geschmolzene Butter
90 g Vollkornmehl
150 g gemahlene Mandeln
4 Eier

500 ml kalte Milch
1 TL Vanilleextrakt

Garnitur und Deko
100 g grob gehackte weiße Schokolade + 50 g zusätzlich
500 g Himbeeren

Die Zutaten für die Masse in der angegebenen Reihenfolge in den Mixer geben. Mixen, bis die Masse homogen ist.

Den Ofen auf 180 °C vorheizen. Die Mischung in eine Tarte-Form gießen und 10 Minuten ruhen lassen. Die Tarte mit den Schokoladenstücken bestreuen und danach mit 400 g Himbeeren belegen. 30 Minuten backen.

Nach dem Backen die restliche weiße Schokolade im Wasserbad schmelzen. Mit einem kleinen Löffel in Streifen auf die Tarte träufeln. Mit den restlichen Himbeeren dekorieren.

Heidelbeere
& Zitrone

Für 6 Personen
Vorbereitung: 10 Minuten • Backzeit: 35 Minuten

Masse
60 g Butter
500 ml Milch
150 g Zucker
90 g Vollkornmehl
150 g gemahlene Mandeln
klein geschnittene Zesten
und Saft von einer Zitrone
4 Eier

Garnitur und Deko
600 g Heidelbeeren
(frisch oder TK)
Zesten von einer Zitrone

Die Butter in der Milch 5 Minuten in der Mikrowelle schmelzen lassen. Die restlichen Zutaten für die Masse in der angegebenen Reihenfolge in den Mixer geben, zum Schluss die Butter-Milch-Mischung zufügen. Mixen, bis die Masse homogen ist.

Den Ofen auf 180 °C vorheizen. Die Mischung in eine Tarte-Form gießen und 10 Minuten ruhen lassen. Die Tarte mit 400 g Heidelbeeren belegen. 35 Minuten backen.

Kurz vor dem Servieren die restlichen Heidelbeeren auf der Tarte verteilen und mit Zitronenzesten dekorieren.

Birne
& Quatre Épices

Für 6 Personen
Vorbereitung: 10 Minuten • Backzeit: 25 Minuten

Masse
60 g Butter
500 ml Milch
150 g Zucker
90 g Vollkornmehl
150 g gemahlene Mandeln
1 EL Quatre-Épices-Gewürzmischung (Mischung aus weißem Pfeffer, Ingwer, Muskat und Gewürznelken)
4 Eier

Garnitur und Deko
300 g eingemachte Birnen
Schokoladensoße
20 g geröstete Mandelblättchen

Die Butter in der Milch 5 Minuten in der Mikrowelle schmelzen lassen. Die restlichen Zutaten für die Masse in der angegebenen Reihenfolge in den Mixer geben, zum Schluss die Butter-Milch-Mischung zufügen. Mixen, bis die Masse homogen ist.

Den Ofen auf 180 °C vorheizen. Die Mischung in eine Tarte-Form gießen und 10 Minuten ruhen lassen. Die Tarte mit den Birnenhälften belegen. 25 Minuten backen.

Kurz vor dem Servieren mit Schokoladensoße und Mandelblättchen dekorieren.

Feige
& Walnuss

Für 6 Personen
Vorbereitung: 10 Minuten • Backzeit: 30 Minuten

Masse
60 g Butter
500 ml Milch
150 g Zucker
90 g Vollkornmehl
150 g gemahlene Walnüsse
4 Eier

Garnitur und Deko
8 Feigen (frisch oder TK)
20 Walnusskerne
30 g Honig

Die Butter in der Milch 5 Minuten in der Mikrowelle schmelzen lassen. Die restlichen Zutaten für die Masse in der angegebenen Reihenfolge in den Mixer geben, zum Schluss die Butter-Milch-Mischung zufügen. Mixen, bis die Masse homogen ist.

Den Ofen auf 180 °C vorheizen. Die Mischung in eine Tarte-Form gießen und 10 Minuten ruhen lassen. Die Tarte mit den halbierten Feigen und den Walnüssen belegen. 30 Minuten backen.

Kurz vor dem Servieren mit Honig beträufeln.

Rhabarber
& Baiser

Für 6 Personen
Vorbereitung: 20 Minuten • Backzeit: 45 Minuten

Masse
60 g Butter
500 ml Milch
150 g Zucker
90 g Vollkornmehl
150 g gemahlene Mandeln
4 Eier

Garnitur und Deko
500 g Rhabarber
(frisch oder TK)
3 Eiweiß
80 g Zucker
80 g Puderzucker

Die Butter in der Milch 5 Minuten in der Mikrowelle schmelzen lassen. Die restlichen Zutaten für die Masse in der angegebenen Reihenfolge in den Mixer geben, zum Schluss die Butter-Milch-Mischung zufügen. Mixen, bis die Masse homogen ist.

Den Ofen auf 180 °C vorheizen. Die Mischung in eine Tarte-Form gießen und 10 Minuten ruhen lassen. Die Tarte mit den Rhabarberstücken belegen. 45 Minuten backen.

Für die Baisermasse das Eiweiß steif schlagen. Wenn es schaumig wird, den Zucker zugeben und weiterschlagen. Wenn die Masse fest ist, den Puderzucker zugeben und weiterschlagen, bis Spitzen entstehen und stehenbleiben, wenn man den Schneebesen herauszieht.

Die Tarte mit der Baisermasse bestreichen und mit dem Bunsenbrenner oder unter dem Grill im Ofen golden bräunen.

Erdbeere
& Pistazie

Für 6 Personen
Vorbereitung: 15 Minuten • Backzeit: 25 Minuten

Masse
60 g Butter
500 ml Milch
150 g Zucker
90 g Vollkornmehl
150 g gemahlene Pistazien
4 Eier

Garnitur und Deko
500 g Erdbeeren
20 g enthäutete Pistazienkerne
100 ml Konditorsahne (35 % Fett)
8 g Puderzucker
½ TL Pistazienextrakt
5 oder 6 Blätter Basilikum

Die Butter in der Milch 5 Minuten in der Mikrowelle schmelzen lassen. Die restlichen Zutaten für die Masse in der angegebenen Reihenfolge in den Mixer geben, zum Schluss die Butter-Milch-Mischung zufügen. Mixen, bis die Masse homogen ist.

Den Ofen auf 180 °C vorheizen. Die Mischung in eine Tarte-Form gießen und 10 Minuten ruhen lassen. Die Tarte mit 375 g halbierten Erdbeeren und den Pistazienkernen belegen. 25 Minuten backen.

Für die Schlagsahne sollten Sahne und Küchengeräte richtig kalt sein. Die Sahne schlagen, bis sie schön fest ist, dann den Puderzucker und das Pistazienextrakt gut unterrühren.

Kurz vor dem Servieren die Tarte mit der Sahne bestreichen und mit den restlichen, in Scheiben geschnittenen Erdbeeren und den Basilikumblättern dekorieren.

Zucchini
auf indische Art

Für 6 Personen
Vorbereitung: 15 Minuten • Backzeit: 25 Minuten

Masse
50 g Butter
500 ml Milch
130 g geriebener Emmentaler
1 Zwiebel, geschält und geviertelt
90 g Vollkornmehl
5 Eier
1 Knoblauchzehe, geschält
2 EL Tandoorigewürz
4 Stiele Koriander, die abgezupften Blättchen
Salz und Pfeffer

Garnitur und Deko
1 Zucchini, gerieben und ausgedrückt
½ Zucchini in Scheiben
1 Prise Tandoorigewürz
3 Stiele Koriander

Die Butter in der Milch 5 Minuten in der Mikrowelle schmelzen lassen. Die restlichen Zutaten für die Masse in der angegebenen Reihenfolge in den Mixer geben, zum Schluss die Butter-Milch-Mischung zufügen. Mit Salz und Pfeffer würzen. Mixen, bis die Masse homogen ist. Die geriebene Zucchini zugeben, alles gut mischen.

Den Ofen auf 180 °C vorheizen. Die Mischung in eine Tarte-Form gießen und 10 Minuten ruhen lassen. Die Tarte mit den Zucchinischeiben belegen. 25 Minuten backen.

Kurz vor dem Servieren mit etwas Tandoorigewürz bestreuen und mit den Korianderblättchen dekorieren.

Tomate
& Feta

Für 6 Personen
Vorbereitung: 10 Minuten • Backzeit: 25 Minuten

Masse
50 g Butter
500 ml Milch
130 g geriebener Emmentaler
2 Schalotten, geschält und halbiert
90 g Vollkornmehl
1 Knoblauchzehe, geschält
10–12 Basilikumblätter
5 Eier

50 g Feta
Salz und Pfeffer

Garnitur und Deko
2 Tomaten (120 g), geschält und geviertelt + 3–4 Tomaten in verschiedenen Farben, in Scheiben
100 g Feta
Basilikumblätter

Die Butter in der Milch 5 Minuten in der Mikrowelle schmelzen lassen. Die restlichen Zutaten für die Masse in der angegebenen Reihenfolge in den Mixer geben, zum Schluss die Butter-Milch-Mischung zufügen. Mit Salz und Pfeffer würzen. Mixen, bis die Masse homogen ist. Die Tomatenviertel zugeben.

Den Ofen auf 180 °C vorheizen. Die Mischung in eine Tarte-Form gießen und 10 Minuten ruhen lassen. Die Tarte mit den verschiedenfarbigen Tomatenscheiben und dem zerkrümelten Feta belegen; dabei ein bisschen Feta für die Deko übrig behalten. 25 Minuten backen.

Kurz vor dem Servieren mit den Basilikumblättern, dem restlichen Feta und etwas frischem Pfeffer aus der Mühle bestreuen.

Kirschtomaten
& Pesto

Für 6 Personen
Vorbereitung: 15 Minuten • Backzeit: 25 Minuten

Masse
50 g Butter
500 ml Milch
130 g geriebener Emmentaler
1 Zwiebel, geschält und geviertelt
90 g Vollkornmehl
90 g Pesto
5 Eier
Salz und Pfeffer

Garnitur und Deko
250 g verschiedenfarbige Kirschtomaten
Basilikumblätter

Die Butter in der Milch 5 Minuten in der Mikrowelle schmelzen lassen. Die restlichen Zutaten für die Masse in der angegebenen Reihenfolge in den Mixer geben, zum Schluss die Butter-Milch-Mischung zufügen. Mit Salz und Pfeffer würzen. Mixen, bis die Masse homogen ist.

Den Ofen auf 180 °C vorheizen. Die Mischung in eine Tarte-Form gießen und 10 Minuten ruhen lassen. Die Tarte mit den halbierten Kirschtomaten belegen, dabei die Farben abwechseln. 25 Minuten backen.

Kurz vor dem Servieren mit den Basilikumblättern dekorieren.

Paprika
& Ricotta

Für 6 Personen
Vorbereitung: 10 Minuten • Backzeit: 25 Minuten

Masse
50 g Butter
500 ml Milch
130 g geriebener Emmentaler
1 Zwiebel, geschält und geviertelt
90 g Vollkornmehl
1 Knoblauchzehe, geschält
7–8 Basilikumblätter
1 EL Ricotta
5 Eier
Salz und Pfeffer

Garnitur und Deko
280 g eingelegte gegrillte Paprika
1 EL Ricotta
Basilikumblätter
20 g Pinienkerne

Die Butter in der Milch 5 Minuten in der Mikrowelle schmelzen lassen. Die restlichen Zutaten für die Masse in der angegebenen Reihenfolge in den Mixer geben, zum Schluss die Butter-Milch-Mischung zufügen. Mit Salz und Pfeffer würzen. Mixen, bis die Masse homogen ist. 180 g abgetropfte und in grobe Stücke geschnittene Paprika dazugeben.

Den Ofen auf 180 °C vorheizen. Die Mischung in eine Tarte-Form gießen und 10 Minuten ruhen lassen. Die Tarte mit den restlichen gegrillten Paprika belegen. 25 Minuten backen.

Kurz vor dem Servieren den Ricotta auf die Mitte der Tarte geben und die Tarte mit Basilikum, Pinienkernen und frischem Pfeffer aus der Mühle bestreuen.

Butternut
& Walnuss

Für 6 Personen
Vorbereitung: 15 Minuten • Backzeit: 30 Minuten

Masse

½ Butternut-Kürbis
50 g Butter
500 ml Milch
20 Walnusskerne
130 g geriebener Mozzarella
1 Zwiebel, geschält und geviertelt
90 g Vollkornmehl
6–7 Stiele Petersilie + ein bisschen für die Deko
5 Eier
Salz und Pfeffer
Petersilienblättchen
3 cl Olivenöl

Den Kürbis gut waschen. 3 sehr feine Scheiben abschneiden und beiseitestellen. Den Kürbis entkernen.

Die Butter in der Milch 5 Minuten in der Mikrowelle schmelzen lassen. Die Hälfte der Walnüsse, 240 g Kürbis in groben Würfeln (die Schale kann dranbleiben), den geriebenen Mozzarella, die Zwiebelviertel, das Mehl, die Petersilienstiele, die Eier und zum Schluss die Butter-Milch-Mischung in den Mixer geben. Mit Salz und Pfeffer würzen. Mixen, bis die Masse homogen ist.

Den Ofen auf 180 °C vorheizen. Die Mischung in eine Tarte-Form gießen und 10 Minuten ruhen lassen. Die Tarte mit den 3 Kürbisscheiben belegen und mit den restlichen Walnüssen bestreuen. 30 Minuten backen.

Kurz vor dem Servieren mit gehackten Petersilienblättchen bestreuen und mit etwas Olivenöl beträufeln.

Karotte
& Kreuzkümmel

Für 6 Personen
Vorbereitung: 20 Minuten • Backzeit: 30 Minuten

Masse
50 g Butter
500 ml Milch
240 g Karotten, geschält und in Stücke geschnitten
130 g geriebener Mozzarella
1 Zwiebel, geschält und geviertelt
1 TL gemahlener Kreuzkümmel (Cumin)
90 g Vollkornmehl
8–9 Stiele Petersilie
5 Eier
3 cl Olivenöl
Salz und Pfeffer

Garnitur und Deko
4 Karotten, geschält und in feine Scheibchen geschnitten
Petersilienblättchen
Kreuzkümmelsaat

Die Butter in der Milch 5 Minuten in der Mikrowelle schmelzen lassen. Die restlichen Zutaten für die Masse in der angegebenen Reihenfolge in den Mixer geben, zum Schluss die Butter-Milch-Mischung zufügen. Mit Salz und Pfeffer würzen. Mixen, bis die Masse homogen ist.

Den Ofen auf 180 °C vorheizen. Die Mischung in eine Tarte-Form gießen und 10 Minuten ruhen lassen. Die Tarte überlappend im Kreis mit den Karottenscheiben belegen. 30 Minuten backen.

Kurz vor dem Servieren mit Petersilie und Kreuzkümmelsaat bestreuen.

Blumenkohl
& Roquefort

Für 6 Personen
Vorbereitung: 10 Minuten • Backzeit: 30 Minuten

Masse
50 g Butter
500 ml Milch
1 mittelgroßer Blumenkohl
130 g geriebener Emmentaler
1 Zwiebel, geschält
und geviertelt
90 g Vollkornmehl
100 g Roquefort
5 Eier
Salz und Pfeffer
3 cl Olivenöl

Die Butter in der Milch 5 Minuten in der Mikrowelle schmelzen lassen. Den Blumenkohl putzen und waschen, 4 Scheiben abschneiden und beiseitestellen.

240 g Blumenkohl, den geriebenen Emmentaler, die Zwiebel, das Vollkornmehl, ¾ des Roquefort, die Eier und zum Schluss die Butter-Milch-Mischung in den Mixer geben. Mit Salz und Pfeffer würzen. Mixen, bis die Masse homogen ist.

Den Ofen auf 180 °C vorheizen. Die Mischung in eine Tarte-Form gießen und 10 Minuten ruhen lassen. Die Tarte mit den 4 Blumenkohlscheiben belegen, mit Olivenöl beträufeln und den zerkrümelten restlichen Roquefort darauf verteilen. 30 Minuten backen.

Kurz vor dem Servieren frischen Pfeffer aus der Mühle darübermahlen.

Zwiebel
& Ziegenkäse

Für 6 Personen
Vorbereitung: 20 Minuten • Backzeit: 30 Minuten

Masse

50 g Butter
500 ml Milch
130 g geriebener Mozzarella
1 Zwiebel, geschält und geviertelt
90 g Vollkornmehl
5 Eier
Salz und Pfeffer

Garnitur und Deko

3 Zwiebeln
20 g Zucker
3 cl Olivenöl
150 g Ziegenkäserolle, in einen Zentimeter dicke Scheiben geschnitten
1 TL Rosmarin
2 EL Honig

3 Zwiebeln für die Garnitur schälen, in feine Ringe schneiden und mit dem Zucker in dem Olivenöl anschwitzen, bis sie leicht karamellisiert sind.

Die Butter in der Milch 5 Minuten in der Mikrowelle schmelzen lassen. Die restlichen Zutaten für die Masse in der angegebenen Reihenfolge in den Mixer geben, zum Schluss die Butter-Milch-Mischung zufügen. Mit Salz und Pfeffer würzen. Mixen, bis die Masse homogen ist.

Den Ofen auf 180 °C vorheizen. Die Mischung in eine Tarte-Form gießen und 10 Minuten ruhen lassen. Die karamellisierten Zwiebeln und den Ziegenkäse auf der Tarte verteilen. 30 Minuten backen.

Kurz vor dem Servieren mit Rosmarin bestreuen und mit dem Honig beträufeln.

Hähnchen
& Curry

Für 6 Personen
Vorbereitung: 20 Minuten • Backzeit: 25 Minuten

Masse
50 g Butter
500 ml Milch
130 g geriebener Emmentaler
1 TL Currypulver
1 Zwiebel, geschält und geviertelt
90 g Vollkornmehl
1 Knoblauchzehe, geschält
7–8 Stiele Koriander, nur die abgezupften Blättchen
5 Eier
Salz und Pfeffer

Garnitur und Deko
2 Hähnchenschnitzel
Olivenöl
Korianderblättchen

Die Hähnchenschnitzel mit etwas Olivenöl in der Pfanne garen. Mit der Gabel zerpflücken.

Die Butter in der Milch 5 Minuten in der Mikrowelle schmelzen lassen. Die restlichen Zutaten für die Masse in der angegebenen Reihenfolge in den Mixer geben, zum Schluss die Butter-Milch-Mischung zufügen. Mit Salz und Pfeffer würzen. Mixen, bis die Masse homogen ist.

Den Ofen auf 180 °C vorheizen. Die Mischung in eine Tarte-Form gießen und 10 Minuten ruhen lassen. Die Tarte mit dem zerpflückten Hähnchenfleisch belegen. 25 Minuten backen.

Kurz vor dem Servieren mit Korianderblättchen und frischem Pfeffer aus der Mühle bestreuen.

Lauch
& roher Schinken

Für 6 Personen
Vorbereitung: 15 Minuten • Backzeit: 30 Minuten

Masse
50 g Butter
500 ml Milch
240 g Lauch, die weißen Abschnitte, in Stücke geschnitten
130 g geriebener Mozzarella
1 Zwiebel, geschält und geviertelt
90 g Vollkornmehl
Saft von 1 Zitrone
5 Eier
Salz und Pfeffer

Garnitur und Deko
3 Scheiben roher Schinken
1 ganze Lauchstange
3 cl Olivenöl
Zesten von 1 Zitrone

Die Butter in der Milch 5 Minuten in der Mikrowelle schmelzen lassen. Die restlichen Zutaten für die Masse in der angegebenen Reihenfolge in den Mixer geben, zum Schluss die Butter-Milch-Mischung zufügen. Mit Salz und Pfeffer würzen. Mixen, bis die Masse homogen ist; die Lauchstücke müssen grob bleiben.

Den Ofen auf 180 °C vorheizen. Die Mischung in eine Tarte-Form gießen und 10 Minuten ruhen lassen. Die Tarte mit 2 in Streifen geschnittenen Scheiben Schinken belegen. Mit ganzen, auf die Größe der Form zurechtgeschnittenen Lauchblättern belegen. Vorsichtig mit Olivenöl bepinseln. 30 Minuten backen.

Kurz vor dem Servieren mit den Zitronenzesten und dem restlichen, in Streifen geschnittenen rohen Schinken dekorieren.

Racletekäse
& Kartoffeln

Für 6 Personen
Vorbereitung: 15 Minuten • Backzeit: 30 Minuten

Masse

50 g Butter
500 ml Milch
140 g Raclettekäse
1 Zwiebel, geschält und geviertelt
90 g Vollkornmehl
5 Eier
3–4 Stiele Petersilie
1 Prise Muskatnuss
Salz und Pfeffer

Garnitur und Deko

240 g Kartoffeln, geschält, gerieben und ausgedrückt
210 g Raclettekäse
2 Scheiben gekochter Schinken
2 Scheiben roher Schinken
2 Scheiben Bacon
Cornichons

Die Butter in der Milch 5 Minuten in der Mikrowelle schmelzen lassen. Die restlichen Zutaten für die Masse in der angegebenen Reihenfolge in den Mixer geben, zum Schluss die Butter-Milch-Mischung zufügen. Mit Salz und Pfeffer würzen. Mixen, bis die Masse homogen ist. Die geriebenen und ausgedrückten Kartoffeln dazugeben, alles gut vermischen.

Den Ofen auf 180 °C vorheizen. Die Mischung in eine Tarte-Form gießen und 10 Minuten ruhen lassen. Die Tarte mit den Raclettekäsescheiben belegen. 30 Minuten backen.

Kurz vor dem Servieren mit Schinken, Bacon und Cornichons dekorieren.

Zucchini
& Speck

Für 6 Personen
Vorbereitung: 15 Minuten • Backzeit: 25 Minuten

Masse
50 g Butter
500 ml Milch
130 g geriebener Emmentaler
1 Zwiebel, geschält und geviertelt
90 g Vollkornmehl
5 Eier
7 Stiele Minze, die abgezupften Blätter

Salz und Pfeffer
1 Zucchini (240 g), gerieben und ausgedrückt

Garnitur und Deko
100 g Speckwürfel
2 kleine Zucchini, in feine Scheiben geschnitten
kleine Minzblättchen

Die Butter in der Milch 5 Minuten in der Mikrowelle schmelzen lassen. Den Emmentaler, die Zwiebel, das Vollkornmehl, die Eier und die Minze in den Mixer geben, zum Schluss die Butter-Milch-Mischung zufügen. Mit Salz und Pfeffer würzen. Mixen, bis die Masse homogen ist. Die geriebene Zucchini dazugeben und alles gut mischen.

Den Ofen auf 180 °C vorheizen. Die Mischung in eine Tarte-Form gießen und 10 Minuten ruhen lassen. Die Speckwürfel anbraten und auf der Tarte verteilen, dann überlappend im Kreis mit den Zucchinischeiben belegen. 25 Minuten backen.

Kurz vor dem Servieren mit den Minzblättchen dekorieren.

Oliven, Schinken
& Comté

Für 6 Personen
Vorbereitung: 20 Minuten • Backzeit: 25 Minuten

Masse
50 g Butter
500 ml Milch
130 g Comté, in Würfel geschnitten
1 Zwiebel, geschält und geviertelt
90 g Vollkornmehl
1 Scheibe gekochter Schinken
5 Eier
3–4 Stiele Petersilie
1 EL grüne Oliven in Scheiben
1 EL schwarze Oliven in Scheiben
Salz und Pfeffer

Garnitur und Deko
1 EL grüne Oliven in Scheiben
1 EL schwarze Oliven in Scheiben
30 g Comté
1 Scheibe gekochter Schinken
Petersilienblättchen

Die Butter in der Milch 5 Minuten in der Mikrowelle schmelzen lassen. Die restlichen Zutaten für die Masse in der angegebenen Reihenfolge in den Mixer geben, zum Schluss die Butter-Milch-Mischung zufügen. Mit Salz und Pfeffer würzen. Mixen, bis die Masse homogen ist.

Den Ofen auf 180 °C vorheizen. Die Mischung in eine Tarte-Form gießen und 10 Minuten ruhen lassen. Die Tarte mit den Olivenscheiben belegen, die Farben dabei gut mischen. 25 Minuten backen.

Den Comté für die Deko mit dem Sparschäler dünn hobeln. Die Tarte kurz vor dem Servieren mit dem in Streifen geschnittenen Schinken, den Comté-Hobeln und etwas Petersilie dekorieren.

Hähnchen
& Champignons

Für 6 Personen
Vorbereitung: 20 Minuten • Backzeit: 30 Minuten

Masse
50 g Butter
500 ml Milch
130 g geriebener Emmentaler
1 Zwiebel, geschält und geviertelt
90 g Vollkornmehl
1 Knoblauchzehe, geschält
5–6 Stiele Petersilie
5 Eier
Salz und Pfeffer

Garnitur und Deko
1 Hähnchenschnitzel
etwas Öl
400 g Champignons
+ 1 Champignon für die Deko
Petersilienblättchen

Das Hähnchenschnitzel in etwas Öl in einer beschichteten Pfanne garen, dann mit der Gabel zerpflücken.

Die Butter in der Milch 5 Minuten in der Mikrowelle schmelzen lassen. Die restlichen Zutaten für die Masse in der angegebenen Reihenfolge in den Mixer geben, zum Schluss die Butter-Milch-Mischung zufügen. Mit Salz und Pfeffer würzen. Mixen, bis die Masse homogen ist.

Den Ofen auf 180 °C vorheizen. Die Mischung in eine Tarte-Form gießen und 10 Minuten ruhen lassen. Das zerpflückte Hähnchenfleisch auf der Tarte verteilen, danach überlappend und in Kreisform mit den geputzten und in feine Scheiben geschnittenen Champignons belegen. 30 Minuten backen.

Kurz vor dem Servieren mit Petersilie und ein paar rohen Champignonscheibchen dekorieren.

Tarte nach Tartiflette-Art
mit flüssigem Kern

Für 6 Personen
Vorbereitung: 15 Minuten • Backzeit: 30 Minuten

Masse
50 g Butter
500 ml Milch
240 g geschälte Kartoffeln
½ Reblochon
1 Zwiebel, geschält und geviertelt
90 g Vollkornmehl
7–8 Stiele Petersilie
5 Eier
3 cl Olivenöl
Salz und Pfeffer

Garnitur und Deko
100 g Speckwürfel
3 kleine Kartoffeln, ungeschält in sehr feine Scheiben geschnitten
Petersilienblättchen

Die Speckwürfel in einer Pfanne anschwitzen, ohne sie Farbe nehmen zu lassen. Die obere Kruste des Reblochon entfernen und aufbewahren.

Die Butter in der Milch 5 Minuten in der Mikrowelle schmelzen lassen. Die restlichen Zutaten für die Masse in der angegebenen Reihenfolge in den Mixer geben, zum Schluss die Butter-Milch-Mischung zufügen. Mit Salz und Pfeffer würzen. Mixen, bis die Masse homogen ist.

Den Ofen auf 180 °C vorheizen. Die Mischung in eine Tarte-Form gießen und 10 Minuten ruhen lassen. Drei Viertel der Speckwürfel auf der Tarte verteilen, die Reblochonkruste in die Mitte setzen, die Tarte um den Käse herum überlappend und im Kreis mit den Kartoffelscheiben belegen, dann mit dem restlichen Speck bestreuen. 30 Minuten backen.

Kurz vor dem Servieren mit gehackter Petersilie bestreuen.

Spinat
& Lachs

Für 6 Personen
Vorbereitung: 10 Minuten • Backzeit: 25 Minuten

Masse
50 g Butter
500 ml Milch
130 g geriebener Emmentaler
2 Schalotten, geschält und geviertelt
90 g Vollkornmehl
5 Eier
1 EL Dill
150 g Spinat
Salz und Pfeffer

Garnitur und Deko
190 g Lachs aus der Dose (in Salzlake)
2 Scheiben Räucherlachs
1 Zitrone
kleine Spinatblätter

Die Butter in der Milch 5 Minuten in der Mikrowelle schmelzen lassen. Die restlichen Zutaten für die Masse in der angegebenen Reihenfolge in den Mixer geben, zum Schluss die Butter-Milch-Mischung zufügen. Mit Salz und Pfeffer würzen. Mixen, bis die Masse homogen ist.

Den Ofen auf 180 °C vorheizen. Die Mischung in eine Tarte-Form gießen und 10 Minuten ruhen lassen. Den Dosenlachs zerpflücken und auf der Tarte verteilen. 25 Minuten backen.

Die Tarte kurz vor dem Servieren mit Räucherlachs, Zitronenscheiben und Spinatblättern dekorieren.

Dank

Danke an Audrey, Emmanuel und Élisabeth für euer Vertrauen, eure Einsatzfreude und eure Sympathie! Liebe Grüße an das Team bei Marabout, das großartige Arbeit geleistet hat.

Danke an Valéry und Élisabeth Guedès, ihr habt meine Tartes mit Bravour verfeinert! Ich habe die Arbeit mit euch sehr genossen! Auf viele neue gemeinsame Bücher! Eine virtuelle Streicheleinheit geht an ihren Hund Marcus, den schnellsten „Staubsauger" der Welt!

Willkommen Galatea, mit der ich hoffentlich demnächst zusammenarbeiten darf!

Und schließlich ein großes Dankeschön an meine Freunde und Familie für ihre Begeisterung und ihre Energie beim Werbungmachen für meine Bücher.

Ein riesiges Danke an Francis, meinen Vorkoster und Kritiker, meinen Feinschmecker und meine Naschkatze.

Ich widme dieses Buch Joris und Sacha, meinen kleinen Lieblingen, die sich hoffentlich bald ans Tarte-Backen für ihre Mama machen werden.

Im Internet bin ich auf meinem YouTube-Kanal ApéroAddict oder auf meiner Website guillaumemarinette.com zu finden.

VERLAGSGRUPPE PATMOS
PATMOS
ESCHBACH
GRÜNEWALD
THORBECKE
SCHWABEN
VER SACRUM

Die Verlagsgruppe
mit Sinn für das Leben

Alle Rechte vorbehalten
© der deutschen Ausgabe 2020 Jan Thorbecke Verlag
Verlagsgruppe Patmos in der Schwabenverlag AG, Ostfildern
www.thorbecke.de
© der Originalausgabe mit dem Titel „Les tartes au blender"
bei Hachette Livre (Marabout), Paris, 2019
Fotos: Valéry Guedès
Food-Styling: Élisabeth Guedès
Umschlaggestaltung: Finken & Bumiller, Stuttgart
Gedruckt in China
ISBN 978-3-7995-1451-4 (Print)
ISBN 978-3-7995-1468-2 (eBook)